まちごとチャイナ

Liaoning 005 Jinzhouxinqu
金州新区
隣り合わせる 「大連の新旧」

Asia City Guide Production

【白地図】金州新区と遼東半島南部

CHINA
遼寧省

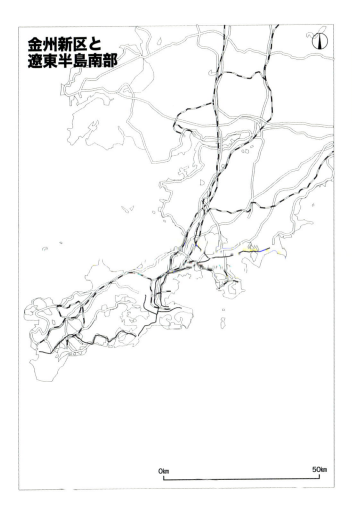

金州新区と遼東半島南部

Jinzhouxinqu 白地図

【白地図】大連市街と金州新区

CHINA
遼寧省

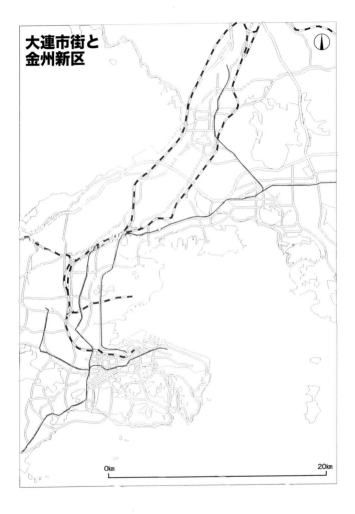

【白地図】金州新区

CHINA
遼寧省

金州新区

Jinzhouxinqu 白地図

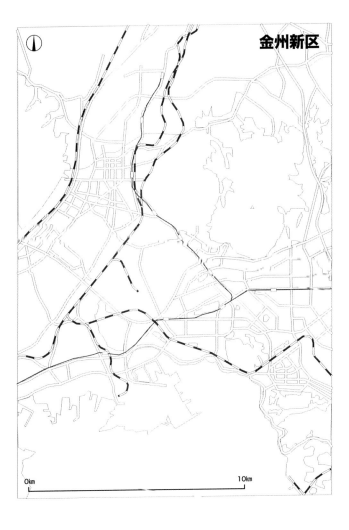

【白地図】大連市経済技術開発区

CHINA
遼寧省

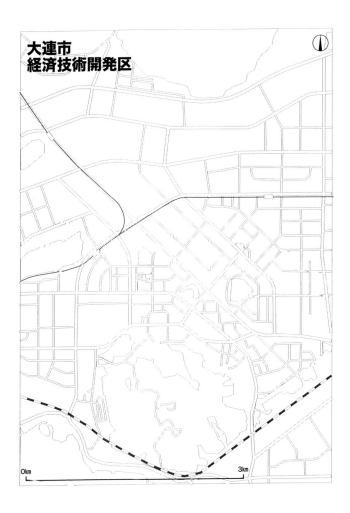

【白地図】開発区中心部

CHINA
遼寧省

開発区中心部

Jinzhouxinqu

白地図

【白地図】金石灘

CHINA
遼寧省

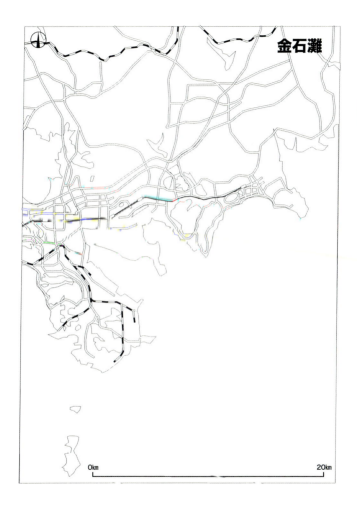

金石灘

Jinzhouxinqu 白地図

【白地図】金州旧市街

遼寧省

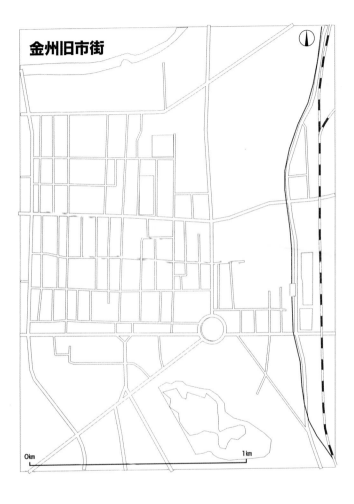

【まちごとチャイナ】
遼寧省001 はじめての遼寧省
遼寧省002 はじめての大連
遼寧省003 大連市街
遼寧省004 旅順
遼寧省005 金州新区
遼寧省006 はじめての瀋陽
遼寧省007 瀋陽故宮と旧市街
遼寧省008 瀋陽駅と市街地
遼寧省009 北陵と瀋陽郊外
遼寧省010 撫順

遼寧省

金州には古くから遼東半島の行政の中心があり、大連、旅順が発展するまでは遼東半島「第一の都府」と呼ばれていた。20世紀末以来、手ぜまになっていた大連の郊外（金州の南東）に開発区がおかれ、それまであった金州区と経済技術開発区が合併するかたちで2010年に金州新区が誕生した。

金州という名前は、12世紀の金代に現れ、旧市街には明清時代の面影を伝える中国の伝統的な街区が今なお残っている。このあたりは半島の幅わずか4kmという地峡を形成し、遼東

金州新区
金州新区 jīn zhōu xīn qū
ジンチョウシンチュウ
Jin Zhou Xin Qu

　半島南端の大連、旅順と北の遼陽、瀋陽を結ぶ要衝にあたることから、日清戦争、日露戦争の激戦地にもなった歴史ももつ。

　20世紀になって大連が港湾都市として発展し、鄧小平による改革開放が進むと、1984年、大連から北東45kmの金州（旧市街の南東）に経済特区が生まれた。21世紀に入り、著しい経済発展を続ける中国にあって、この金州新区は東北屈指の成長を見せるエリアとして注目を集めている。

【まちごとチャイナ】

遼寧省 005 金州新区

目次

金州新区	xvi
躍動する大連の新たな顔	xxii
開発区城市案内	xxxi
金州旧城城市案内	xlvii
金州郊外城市案内	lvii
明治文人将軍と金州	lxiv

【MEMO】

【地図】金州新区と遼東半島南部

【地図】金州新区と遼東半島南部の ［★★☆］
- ☐ 大連市経済技術開発区 大连市经济技术开发区 ダァーリエンシィジンジイジイシュウカイファアチュウ
- ☐ 金州旧市街 金州城市 ジンチョウチャンシー

【地図】金州新区と遼東半島南部の ［★☆☆］
- ☐ 大連北駅 大连北站 ダァーリエンベイチャン
- ☐ 金石灘 金石滩 ジンシィタン
- ☐ 大窯湾港 大窑湾港 ダァアヤオワンガン

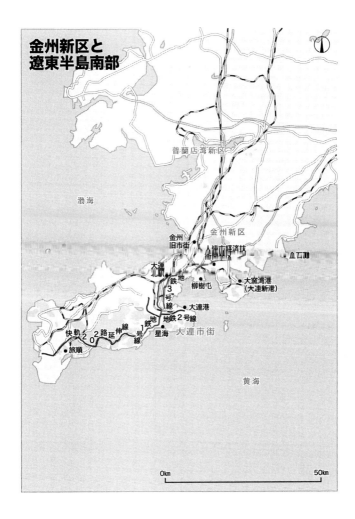

躍動する大連の新たな顔

CHINA
遼寧省

経済発展が続く大連
新たに開発区に選ばれたのは
古くこの地方の古都がおかれていた金州南東の地だった

金州新区の地理

大連の北東に位置し、大連快軌3号線で市街と結ばれている金州新区。1984年に大連が経済特区に指定されると、手狭になった市街ではなく古都金州の南東に、50平方kmもの敷地をもつ大連経済技術開発区がおかれた。哈大高速鉄道の始発点となる大連北駅、周水子空港へのアクセスがよく、東北地方の新たなビジネス拠点となっている。また1898年にロシアが大連の建設をはじめたとき、当初は大連（青泥窪）と金州新区のあいだの柳樹屯が選ばれていたという経緯がある（金州新区から南西の半島）。けれども南風が強いこと、土砂

Jinzhouxinqu 躍動する大連の新たな顔

▲左　金州の街角、都市化が進む。　▲右　大連快軌3号線が大連市街と金州新区を結ぶ

による港の水深の浅さ、後背地が広くないことなどから、大連（青泥窪）の地で都市建設が進むことになった。

開発区のはじまり

1978年に鄧小平が中国共産党の実権をにぎると、それまでの計画経済から外資を誘致し、工業を振興させる経済政策へ転換した。この改革開放は当初、深圳や広州など南方からはじまったが、その成功を受けて1984年、大連にも経済特区がおかれることになった。こうして金州の地、約1万人の農民が暮らす農地を整備し、20世紀末までに15万人規模の都

CHINA
遼寧省

市をつくることが計画された。空港、鉄道、道路、発電所が整備され、工業とソフトウェアなどを中心に外資が呼び込まれた（大連は日本の政令指定都市に相当する 14 の計画単列都市にあたり、市政府の強い権限のもと開発が進められた）。

金州の歴史

開発区から北西に位置する金州旧市街には、大連や旅順では見られない中国の伝統的な街区が今も残っている。古代、燕の勢力下にあったこの地には、廟島半島をへて山東と中国東北部を結ぶ街道が走り、遼東半島南部の行政、経済の中心と

▲左　モニュメントが立つ、金馬路にて。　　▲右　大黒山響水寺の牌楼

なってきた。金州という名前は、金代末期の 1216 年にはじめて現れ、女真族が金州近くの土地で屯田していたと伝えられる。以後、元、明代を通じて遼東半島を統括する官吏が金州に派遣されるようになった。とくに清代に入って海路交通が盛んになると、瀋陽に準ずる副都督がおかれ、その衙門（役所）跡は現在も残る。また日露戦争以後の日本統治時代には、日本は大連、旅順とともに金州に民政署をおいて植民地支配の拠点とした（また日本人による果樹農園も多く、金州りんごは広く知られていた）。20 世紀以後の大連の急速な発展を受けて、遼東半島南部の中心は、金州から大連に遷ることになった。

【地図】大連市街と金州新区の ［★★☆］
- [ ] 大連市経済技術開発区 大连市经济技术开发区 ダァーリエンシィジンジイジイシュウカイファアチュウ
- [ ] 金州旧市街 金州城市 ジンチョウチャンシー

【地図】大連市街と金州新区の ［★☆☆］
- [ ] 大連北駅 大连北站 ダァーリエンベイチャン

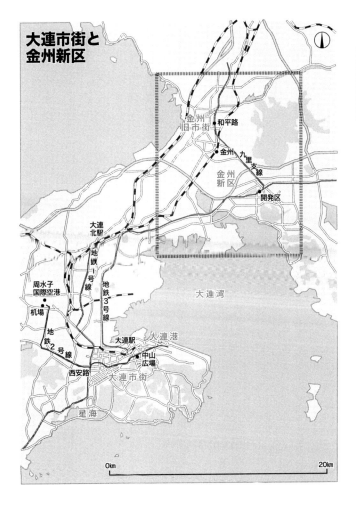

Jinzhouxinqu　躍動する大連の新たな顔

【地図】金州新区

【地図】金州新区の [★★☆]
- ☐ 大連市経済技術開発区 大连市经济技术开发区 ダァーリエンシィジンジイジイシュウカイファアチュウ
- ☐ 金州旧市街 金州城市 ジンチョウチャンシー

【地図】金州新区の [★☆☆]
- ☐ 大黒山 大黑山 ダァアヘイシャン
- ☐ 響水寺 响水寺 シィアンシュイスー
- ☐ 金州博物館 金州博物馆 ジンチョウボォウーグァン
- ☐ 南山 南山 ナンシャン

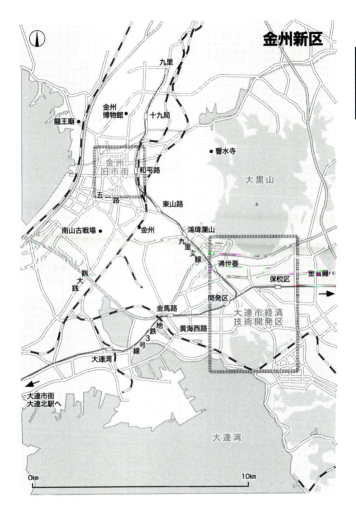

金州新区

Jinzhouxinqu

躍動する大連の新たな顔

【MEMO】

CHINA
遼寧省

Guide, Kai Fa Qu
開発区
城市案内

大連北東に位置する開発区を擁する金州新区
ほとんど何もなかった土地に
蜃気楼のように都市が現れた

大連市経済技術開発区 大连市经济技术开发区
dà lián shì jīng jì jì shù kāi fā qū
ダァーリエンシィジンジイジイシュウカイファアチュウ[★★☆]

金州新区の中心に位置する大連市経済技術開発区は、1984年に設置された。大連市は直轄市に準ずる権限をあたえられているため、市政府の誘致政策、税制面の優遇などで積極的な政策がとられ、日本と香港の企業を中心に多くの外資が進出することになった（外資の資本や技術力をもって大連経済を発展させる）。大連開発区の利点は、日本との距離が近いこと、他の都市にくらべて住みやすいこと、日本語が話せる

CHINA
遼寧省

など労働者の質が高いことなどがあげられる。一方で、長江デルタを擁する上海や珠江デルタを擁する広州、深圳にくらべて消費市場の規模が小さいところがマイナス点となっている。

日本とのつながりが深い街

戦前には満鉄の本社がおかれ、歴史的に日本とつながりの深い大連は、中国のなかでも親日的な街として知られる。この大連に日本企業の進出が多いのは、日本語を話せる人材や日本の文化に理解がある人が多く、生活環境が優れているとこ

▲左　大型店舗の出店も相次ぐ。　▲右　大連開発区文化広場、高い都市文化を感じられる

ろがあげられる。世界最大規模の日本語学部をもつ大連外国語学院はじめ、大連は日本語教育が盛んな街となっている。

金馬路 金马路 jīn mǎ lù ジンマアルウ ［★☆☆］

金馬路は、大連開発区を東西に走る目貫通り。人民政府が位置するほか、通りの両脇には高層ビルが立ちならぶ。

【地図】大連市経済技術開発区

【地図】大連市経済技術開発区の ［★★☆］
- 大連市経済技術開発区 大连市经济技术开发区
  ダァーリエンシィジンジイジイシュウカイファアチュウ
- 大連開発区文化広場 大连开发区文化广场
  ダァーリエンカイファアチュウウェンファアグァンチャン

【地図】大連市経済技術開発区の ［★☆☆］
- 金馬路 金马路 ジンマアルウ
- 東山風景区 东山风景区 ドンシャンフェンジンチュウ
- 砲台山公園 炮台山公园 パオタイシャンゴンユェン

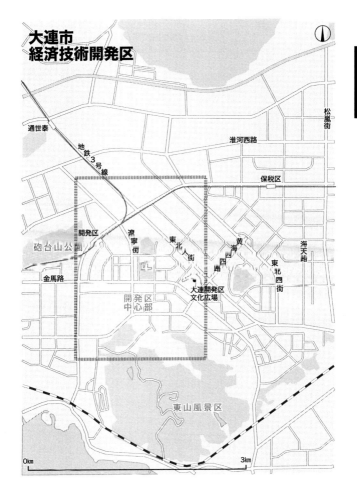

【地図】開発区中心部

【地図】開発区中心部の [★★☆]
- ☐ 大連市経済技術開発区 大连市经济技术开发区
  ダァーリエンシィジンジイジイシュウカイファアチュウ
- ☐ 大連開発区文化広場 大连开发区文化广场
  ダァーリエンカイファアチュウウェンファアグァンチャン

【地図】開発区中心部の [★☆☆]
- ☐ 金馬路 金马路 ジンマアルウ
- ☐ 東山風景区 东山风景区 ドンシャンフェンジンチュウ
- ☐ 砲台山公園 炮台山公园 パオタイシャンゴンユエン

CHINA
遼寧省

大連開発区文化広場 大连开发区文化广场
dà lián kāi fā qū wén huà guǎng chǎng
ダァーリエンカイファアチュウウェンファアグァンチャン [★★☆]

開発区の中心に位置する大連開発区文化広場。文化センターや劇場、図書館などが一体化した巨大建築で、多くの市民が集まっている。

東山風景区 东山风景区
dōng shān fēng jǐng qū ドンシャンフェンジンチュウ [★☆☆]

開発区の南部に広がる東山風景区。自然の地形を利用して遊歩道が整備されているほか、中心の童牛嶺には円盤型の観光塔が立つ。

▲左 屋台はじめ飲食店も多い。 ▲右 東山風景区の観光塔が見える

砲台山公園 炮台山公园 pào tái shān gōng yuán
パオタイシャンゴンユェン [★☆☆]

開発区の北西側に位置する砲台山公園。丘陵状の公園には、かつて防御用の砲台がおかれていた(「砲台の山」を意味する)。

大窯湾港 大窑湾港
dà yáo wān gǎng ダァアヤオワンガン [★☆☆]

開発区の南東に位置する大窯湾港。大連湾の北側にあたり、14mの平均水深をもつ。発展を続ける開発区の海の窓口（大連新港）となっている。

遼寧省

盛んな養殖業

三方向を海に囲まれた大連では、漁業とともに養殖業が発展している。街には海鮮料理を出す店も多く、1年を通じて海の幸を味わうことができる。

金石灘 金石滩 jīn shí tān ジンシィタン ［★☆☆］

金石灘は金州新区の東端に位置する景勝地。国家地質公園にも指定され、黄海に面して30km以上に渡って海岸線が続く。

大連発現王国 大连发现王国 dà lián fā xiàn wáng guó
ダァーリエンファーシィエンワァングゥオ［★☆☆］

金石灘に面した巨大テーマパークの大連発現王国（ディスカバリー王国）。発現広場を中心に伝奇城堡、魔法森林、金属工廠、神秘沙漠、瘋狂小鎮、婚礼殿堂といったゾーンからなる。沙漠や森、中世の城などそれぞれの世界観にあわせたアトラクションが用意されている。

【地図】金石灘

【地図】金石灘の [★☆☆]
- ☐ 大窯湾港 大窑湾港 ダァアヤオワンガン
- ☐ 金石灘 金石滩 ジンシィタン
- ☐ 大連発現王国 大连发现王国 ダァーリエンファーシィエンワァングゥオ

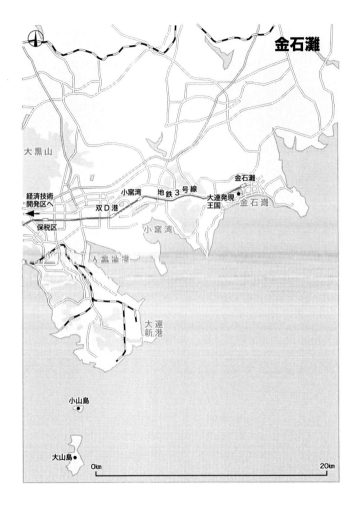

遼寧省

大連北駅 大连北站

dà lián běi zhàn ダァーリエンベイチャン [★☆☆]

大連北駅は、大連から瀋陽、長春、ハルビンを結ぶ哈大旅客専用線高速鉄道の駅。大連市街の開発が進んで手ぜまになったことから、市の北20kmの地点にあたる大連市甘井子区につくられた。

【MEMO】

Guide,
Jin Zhou Cheng Shi
金州旧城
城市案内

金州は大連が発展する以前からの長い歴史をもつ街
遼東半島「第一の都府」と呼ばれ、
中国の伝統的な街区を現在も残している

金州旧市街 金州城市
jīn zhōu chéng shì ジンチョウチャンシー［★★☆］

明清代から遼東半島南部の行政の中心がおかれてきた金州旧市街。近代になって築かれた大連や旅順と違って、かつては高さ6mの城壁が東西600m、南北760mの規模でめぐらされていた（海辺を襲った倭寇に対する防御拠点になっていた）。20世紀初頭、金州を訪れた正岡子規が「全廓の長さ一里許りにして東西南北の四門あり。門には漢字もて其名を記し傍に満州文字を添えたり」と記すなど、日本の城とは異なる中国の伝統的な街区を現在でも残している。日本から見て

【地図】金州旧市街の ［★★☆］

- ☐ 金州旧市街 金州城市 ジンチョウチャンシー
- ☐ 金州副督統衙署博物館 金州副督统衙署博物馆
  ジンチョウフゥドゥトンヤァシュウボォウーグァン

【地図】金州旧市街の ［★☆☆］

- ☐ 斯大林路歩行街 斯大林路步行街
  スーダァリンルゥブゥシンジエ
- ☐ 正岡子規の句碑 正冈子规俳句诗碑
  チャンガンズゥグイパイジュウシィベイ

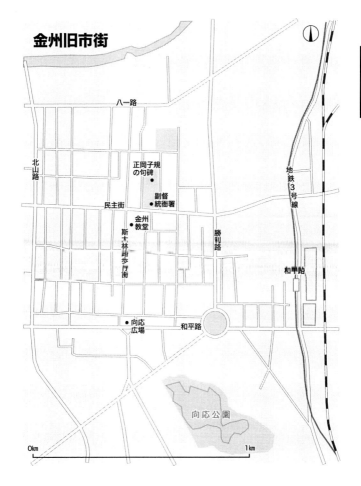

CHINA
遼寧省

大陸への入口にあたる遼東半島南部の中心都市であることから、日清戦争、日露戦争時に日本軍が侵攻、占領したという歴史もある。

斯大林路步行街 斯大林路步行街
sī dà lín lù bù xíng jiē スーダァリンルゥブゥシンジエ[★☆☆]
金州旧市街の中心部を南北に伸びる斯大林路步行街（スターリン步行街）。多くの人でにぎわうほか、キリスト教会の金州教堂も立つ。またこの通りの南端に向応広場には、金州出身で八路軍で活躍した関向応の銅像が立つ。

▲左 かつては城壁をめぐらせた城市だった。 ▲右 遼東半島南部を管轄した役所跡、金州副都統衙署博物館

金州副督統衙署博物館 金州副统衙署博物馆
jīn zhōu fù dū tǒng yá shǔ bó wù guǎn
ジンチョウフゥドゥトンヤァシュウボォウーグァン[★★☆]

かつての金州城の中心部に立ち、金州はじめ遼東半島南部を統治にあたった金州副統衙署。清代、瀋陽に盛京将軍がおかれて遼寧省の統治にあたっていたが、海運が発達したことで遼東半島南部の重要性が高まり、金州に副都統をおいて副都統衙門をもうけた（清代末、李鴻章によって旅順に北洋艦隊の水師営が構えられるなど海防の意識も高まった）。現在は博物館となっているほか、すぐ西隣りには道教寺院が位置す

る。また 1904 〜 5 年の日露戦争時にはここに軍司令部がおかれていたという歴史もある。

正岡子規の句碑 正冈子规俳句诗碑
zhèng gāng zǐ guī pái jù shī bēi
チャンガンズゥグイパイジュウシィベイ ［★☆☆］

金州副統衙署博物館の裏手に位置する正岡子規の句碑。俳人正岡子規は、陸羯南が主催する新聞社「日本」の従軍記者として 1895 年、遼東半島を訪れ、大連、旅順、金州などを 35 日現地を取材して帰国した（戦局はほぼ決まり、下関条約が

▲左 向応広場に立つ関向応の銅像。　▲右 金州副統衙署博物館裏手には正岡子規の句碑も残る

まもなく結ばれるという比較的安全な時期、前線への派遣が決まった近衛師団の従軍記者として海を渡った）。そのとき子規は「金州の城門高き柳かな」などの俳句を詠んでいるが、ここ金州副統衙署博物館裏手の敷地には同じく子規が金州で詠んだ「行く春の酒をたまはる陣屋哉」という俳句の碑が残っている。これは1940年、大連平原俳句会と正岡子規と同郷の愛媛県人会がこの地に建てたもので、戦後、所在がわからなくなっていたが、1998年、工事中に発見された。

CHINA
遼寧省

正岡子規の従軍

正岡子規は明治維新の前年の1867年に生まれ、「柿くへば鐘が鳴るなり法隆寺」といった革新的な俳句を詠んだ。上京して大学予備門(一高)で夏目金之助(漱石)を知るなど文学や俳句を学び、陸羯南のもとで新聞記者となった。子規は若くして肺結核におかされ、周囲が身体の状態を心配するなかで、日清戦争の従軍を希望していた(当時、新聞各紙は日本兵の戦いを伝えることで発行部数を伸ばしていた)。1895年、念願かなって子規の従軍は許可され、広島の宇品から大連の柳樹屯に上陸し、その日のうちに金州を訪れ、民家に宿泊し

Jinzhouxinqu 金州旧城城市案内

ている。また約 1 か月の滞在のなかで、軍医として戦争に参加していた森鷗外のもとを訪れ、俳句談義も行なっている。大連からの帰りに甲板のうえから泳いでいる鱶（ふか）を見ようとして子規は喀血し、すぐに神戸病院に運ばれた。以後、1902 年になくなるまで脊椎カリエスをわずらい、苦しみながら俳句を詠んだ（血を吐くまで啼くと言われるホトトギスにちなんで「子規」と号したという）。

Guide,
Jin Zhou Jiao Qu
金州郊外
城市案内

遼東半島随一の名山とたたえられる大黒山
日露戦争での激戦の舞台となった南山
金川旧市街郊外に点在する景勝地

大黒山 大黑山 dà hēi shān ダァアヘイシャン ［★☆☆］

金州旧市街の東にそびえる大黒山は高さ663mで、遼東半島でもっとも美しい山にあげられる。「大赫山」「大和尚山」「マウントサムソン（聖書からとった）」など、これまでさまざまな名前で呼ばれ、唐王教、観音閣、朝陽寺、響水寺などいくつもの寺院や景勝地が展開する。大連の都市建設にあたって、中央の中山広場から放射状に広がる軸線延長のひとつは、この大黒山に向かって伸びるよう設計されたという。

遼寧省

響水寺 响水寺 xiǎng shuǐ sì シィアンシュイスー ［★☆☆］
響水寺は唐代からの伝統をもつ道教寺院。風光明媚な大黒山の自然に調和するように寺院や亭が配置され、境内には線香の匂いが立ちこめている。近代以後に発展した大連にあって中国の伝統的な建築様式を感じられる。

南山 南山 nán shān ナンシャン ［★☆☆］
南山は1904年に開戦した日露戦争の初期に激戦が交わされた古戦場で、ここを占領すれば遼陽、瀋陽と大連、旅順を分断できることから、要衝となっていた。南山の地は半島の喉

▲左 道端では新鮮な魚介類を売っていた。　▲右　山の斜面に展開する道教寺院、響水寺

元のように幅4kmと細く、ロシアは大連、旅順を守る要塞を半島を横断するようにつくっていた。1904年5月、日本軍は遼東半島西岸に展開し、金州城と南山への砲撃を開始、金州湾から海軍の砲撃もあって、4000人の死傷者を出しながら日本軍は金州、大連を占領した。南山が落ちるとロシア人は大連から旅順へと逃げ込み、第二軍は満州平野に北上し、乃木希典ひきいる第三軍が旅順へと向かった。

【MEMO】

CHINA
遼寧省

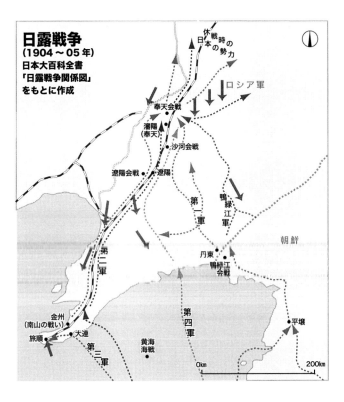

遼寧省

金州博物館 金州博物馆
jīn zhōu bó wù guǎn ジンチョウボォウーグァン［★☆☆］

金州旧市街の北側に位置する金州博物館。遼東半島南部で一番の歴史をもち、明清代には政治の中心があった金州の歴史をたどることができる。また日清戦争、日露戦争の戦いの展示が見られる。

明治文人将軍と金州

CHINA
遼寧省

日清戦争と日露戦争
日本の近代史を語るうえでかかせない
いずれの戦争でも金州はその舞台となってきた

文人たちが訪れた金州

従軍記者として、また満鉄の招待で明治の文人の多くが遼東半島の金州を訪れ、その記録を残している。1894年の日清戦争で、従軍記者正岡子規は第二軍軍医部軍医監として勤務していた森林太郎（森鷗外）と金州で俳句談義を交わし、1904年の日露戦争で従軍記者田山花袋は「金州城は東西南北の四門を有し、其門より起れる道路は、中央に一集合地點を作り、其處には關帝の廟を祀つてある」（『第二軍従征日記』）という記録を残している。与謝野晶子は与謝野鉄幹とともに金州を訪れ、（大連、旅順とは異なる）城壁に囲まれた中国

▲左 古銭が売られていた。金州副督統衙署博物館前にて。 ▲右 金州では中国の伝統も感じられる

の市街をはじめて見て、「城」という語が日本の「城」とは違うことがわかったと記している（『満蒙遊記』）。

金州と乃木希典

日露戦争で旅順攻略の第三軍をひきいた乃木希典は、1904年の南山の戦いで長男勝典をなくすことになった。南山の戦いで傷つき、金州の野戦病院で死んだ勝典の様子を伝え聞いた乃木希典は、「うむ、そうか」と一言言ったと伝えられる（また203高地で次男保典も失っている）。のちに南山の戦場を視察し、墓廟を訪れた乃木希典は「山川草木轉荒涼 十里

CHINA
遼寧省

風腥新戰場 征馬不前人不語 金州城外立斜陽(山川草木転(うた)た荒涼/十里風腥(なまぐさ)し新戦場/征馬前(すす)まず人語らず/金州城外斜陽に立つ)」という漢詩を詠んでいる。

明治文人将軍と金州

Jinzhouxinqu

参考文献

『中国への直接投資と経済技術開発区』(劉麗君 / 経済経営論集)
『中国・大連経済技術開発区を支える日系企業』(武井勇 / 国学院大学栃木短期大学紀要)
『中国の工業地理』(北村嘉行 / 地理)
『満蒙全書』(南滿洲鐵道株式會社社長室調査課 / 満蒙文化協會)
『正岡子規、従軍す』(末延芳晴 / 平凡社)
『大連市に甦る子規の句碑』(池内央 / 短歌新聞社)
『森鴎外と日清・日露戦争』(末延芳晴 / 平凡社)
『第二軍従征日記』(田山花袋 / 筑摩書房)
『大連市史』(大連市編 / 大連市)
『世界大百科事典』(平凡社)
[PDF] 大連地下鉄路線図 http://machigotopub.com/pdf/dalianmetro.pdf

まちごとパブリッシングの旅行ガイド
Machigoto INDIA , Machigoto ASIA , Machigoto CHINA

【北インド - まちごとインド】

001 はじめての北インド
002 はじめてのデリー
003 オールド・デリー
004 ニュー・デリー
005 南デリー
012 アーグラ
013 ファテープル・シークリー
014 バラナシ
015 サールナート
022 カージュラホ
032 アムリトサル

【西インド - まちごとインド】

001 はじめてのラジャスタン
002 ジャイプル
003 ジョードプル
004 ジャイサルメール
005 ウダイプル
006 アジメール（プシュカル）
007 ビカネール
008 シェカワティ
011 はじめてのマハラシュトラ
012 ムンバイ
013 プネー
014 アウランガバード
015 エローラ
016 アジャンタ
021 はじめてのグジャラート
022 アーメダバード
023 ヴァドダラー（チャンパネール）
024 ブジ（カッチ地方）

【東インド - まちごとインド】

002 コルカタ
012 ブッダガヤ

【南インド - まちごとインド】

001 はじめてのタミルナードゥ
002 チェンナイ
003 カーンチプラム
004 マハーバリプラム
005 タンジャヴール
006 クンバコナムとカーヴェリー・デルタ
007 ティルチラパッリ
008 マドゥライ
009 ラーメシュワラム
010 カニャークマリ
021 はじめてのケーララ
022 ティルヴァナンタプラム
023 バックウォーター（コッラム〜アラップーザ）
024 コーチ（コーチン）
025 トリシュール

【ネパール - まちごとアジア】

001 はじめてのカトマンズ
002 カトマンズ
003 スワヤンブナート

004 パタン
005 バクタプル
006 ポカラ
007 ルンビニ
008 チトワン国立公園

【バングラデシュ - まちごとアジア】

001 はじめてのバングラデシュ
002 ダッカ
003 バゲルハット（クルナ）
004 シュンドルボン
005 プティア
006 モハスタン（ボグラ）
007 パハルプール

【パキスタン - まちごとアジア】

002 フンザ
003 ギルギット（KKH）
004 ラホール
005 ハラッパ
006 ムルタン

【イラン - まちごとアジア】

001 はじめてのイラン
002 テヘラン
003 イスファハン
004 シーラーズ
005 ペルセポリス
006 パサルガダエ（ナグシェ・ロスタム）
007 ヤズド
008 チョガ・ザンビル（アフヴァーズ）
009 タブリーズ
010 アルダビール

【北京 - まちごとチャイナ】

001 はじめての北京
002 故宮（天安門広場）
003 胡同と旧皇城
004 天壇と旧崇文区
005 瑠璃廠と旧宣武区
006 王府井と市街東部
007 北京動物園と市街西部
008 頤和園と西山
009 盧溝橋と周口店
010 万里の長城と明十三陵

【天津 - まちごとチャイナ】

001 はじめての天津
002 天津市街
003 浜海新区と市街南部
004 薊県と清東陵

【上海 - まちごとチャイナ】

001 はじめての上海
002 浦東新区
003 外灘と南京東路
004 淮海路と市街西部
005 虹口と市街北部
006 上海郊外（龍華・七宝・松江・嘉定）
007 水郷地帯（朱家角・周荘・同里・甪直）

【河北省 - まちごとチャイナ】

001 はじめての河北省
002 石家荘
003 秦皇島
004 承徳
005 張家口
006 保定
007 邯鄲

【江蘇省 - まちごとチャイナ】

001 はじめての江蘇省
002 はじめての蘇州
003 蘇州旧城
004 蘇州郊外と開発区
005 無錫
006 揚州
007 鎮江
008 はじめての南京
009 南京旧城
010 南京紫金山と下関
011 雨花台と南京郊外・開発区
012 徐州

【浙江省 - まちごとチャイナ】

001 はじめての浙江省
002 はじめての杭州
003 西湖と山林杭州
004 杭州旧城と開発区
005 紹興
006 はじめての寧波
007 寧波旧城
008 寧波郊外と開発区
009 普陀山
010 天台山
011 温州

【福建省 - まちごとチャイナ】

001 はじめての福建省
002 はじめての福州
003 福州旧城
004 福州郊外と開発区
005 武夷山
006 泉州
007 廈門
008 客家土楼

【広東省 - まちごとチャイナ】

001 はじめての広東省
002 はじめての広州
003 広州古城
004 天河と広州郊外
005 深圳（深セン）
006 東莞
007 開平（江門）
008 韶関
009 はじめての潮汕
010 潮州
011 汕頭

【遼寧省 - まちごとチャイナ】

001 はじめての遼寧省
002 はじめての大連
003 大連市街
004 旅順
005 金州新区

006 はじめての瀋陽
007 瀋陽故宮と旧市街
008 瀋陽駅と市街地
009 北陵と瀋陽郊外
010 撫順

【重慶 - まちごとチャイナ】

001 はじめての重慶
002 重慶市街
003 三峡下り（重慶〜宜昌）
004 大足

【香港 - まちごとチャイナ】

001 はじめての香港
002 中環と香港島北岸
003 上環と香港島南岸
004 尖沙咀と九龍市街
005 九龍城と九龍郊外
006 新界
007 ランタオ島と島嶼部

【マカオ - まちごとチャイナ】

001 はじめてのマカオ
002 セナド広場とマカオ中心部
003 媽閣廟とマカオ半島南部
004 東望洋山とマカオ半島北部
005 新口岸とタイパ・コロアン

【Juo-Mujin（電子書籍のみ）】

Juo-Mujin 香港縦横無尽
Juo-Mujin 北京縦横無尽
Juo-Mujin 上海縦横無尽

【自力旅游中国 Tabisuru CHINA】

001 バスに揺られて「自力で長城」
002 バスに揺られて「自力で石家荘」
003 バスに揺られて「自力で承徳」
004 船に揺られて「自力で普陀山」
005 バスに揺られて「自力で天台山」
006 バスに揺られて「自力で秦皇島」
007 バスに揺られて「自力で張家口」
008 バスに揺られて「自力で邯鄲」
009 バスに揺られて「自力で保定」
010 バスに揺られて「自力で清東陵」
011 バスに揺られて「自力で潮州」
012 バスに揺られて「自力で汕頭」
013 バスに揺られて「自力で温州」

【車輪はつばさ】
南インドのアイラヴァテシュワラ寺院には建築本体に車輪がついていて寺院に乗った神さまが人びとの想いを運ぶと言います。

・本書はオンデマンド印刷で作成されています。
・本書の内容に関するご意見、お問い合わせは、発行元のまちごとパブリッシング info@machigotopub.com までお願いします。

まちごとチャイナ
遼寧省005金州新区
~隣り合わせる「大連の新旧」[モノクロノートブック版]

2017年11月14日　発行

著　者	「アジア城市（まち）案内」制作委員会
発行者	赤松　耕次
発行所	まちごとパブリッシング株式会社
	〒181-0013　東京都三鷹市下連雀4-4-36
	URL http://www.machigotopub.com/
発売元	株式会社デジタルパブリッシングサービス
	〒162-0812　東京都新宿区西五軒町11-13
	清水ビル3F
印刷・製本	株式会社デジタルパブリッシングサービス
	URL http://www.d-pub.co.jp/

MP158

ISBN978-4-86143-292-7 C0326　　　Printed in Japan
本書の無断複製複写（コピー）は、著作権法上での例外を除き、禁じられています。